Renate Alf

Schule ist

... wenn man trotzdem lacht!

LAPPAN

Renate Alf

Geboren 1956 in Göttingen. Ausbildung als Lehrerin für Biologie und Französisch. Dann doch lieber Cartoons gezeichnet. Veröffentlichungen in *Brigitte, Natur, Eltern.* Bei LAPPAN sind von Renate Alf lieferbar: *Auf die Plätze – 40 – los!, Der reinste Kindergarten!*, *Wunderbare Wechseljahre!, Renate Alfs kleine Familienberatung, Echte Fünfziger!, Paaradiesisch!*, *Für aufgeweckte Eltern!* und *Plötzlich Oma!*.
www. renatealf.de.

3. Auflage 2012

Postfach 3407 · 26024 Oldenburg
www.lappan.de · info@lappan.de

Printed in Europe

ISBN 978-3-8303-3178-0

Der Lappan Verlag ist ein Unternehmen
der Verlagsgruppe Ueberreuter.

Mädchengerecht!

Aufwachen! Das Gruppenreferat ist fertig!
Ra

Und? Was machen Sie Schönes am Wochenende...?
Mathe
Deutsch
Ra

TELEFON
TE... LE...
Lass das! Sonst ist dir später in der Schule langweilig!
Ra

Nachdem unser Angebot „Lernen lernen" gerade auch auf Elternseite so viel Beifall gefunden hat, ...
... planen wir für nächstes Schuljahr einen vertiefenden Kurs mit dem Titel „Lernen lernen lernen"!
Ra

Also ich hab einen Scoutranzen, einen Diddl-Spitzer, ein Felix-Mäppchen, den Turnbeutel von Oilily und das Wolfskin-Vesperset!
Und du?
Ich kann mit den Ohren wackeln!
Ra

Und jetzt ein Kleiner Methoden-wechsel ...!!
Ra

Nicht mit den Fingern rechnen!
Ra

Learning English I
Klick! Klick! Klick!
HEROES III
Ra

4A
„Offenes Klassenzimmer"?!
Und wenn Sie mal jemand rausschmeißen wollen??
Ra

NIEDER MIT DER LERNBE-LÄSTIGUNG!!
Ra

ABC
ABC
Pa

Jonas pflegte seine Englisch-Hausaufgaben gleich in der anschließenden Mathestunde zu erledigen.

Kollege Schlüter macht ja neuerdings Supervision ...
Käm für mich nicht in Frage!
Noch bin ich nicht reif für die Klapsmühle!!

RECHTSCHREIB-KARRIERE

Kein Bock heute!

Lukas, Lucas und Luca: Gelbe Karte!

Die letzte Aufgabe dürfen Sie nicht bewerten! Als das dran war, ...
... hab ich gerade geschwänzt ...!

Ich lerne!
Klopf, klopf?
150 geniale Spick-zettel!
Shit!
Ra

Kol
Schok
Nuss
Gummi
BIO
MÜSLI
Ra

Weißt du, Pablo: Dafür bist du gut im Würstchen-Wettessen!
Picasso
5-
Ra

Arbeitsplatz Lehrerzimmer?

Und? Habt ihr schon ein paar englische Wörter gelernt?
FUCK!
Ra

Bald schafft er's dann allein!
SCHULE
Ra

Stromstärke
J = U/R
Also: Kai wär jetzt mal die Spannung und Boris der Widerstand ...!
Ra

Mein Leben ist verpfuscht!
Realschulempfehlung
Ra

Grundschul-Austausch
Bonjour! Ça va? Je m'apelle Lena.
Guten Tag. Wie geht's? Danke gut.
Und jetzt?
Ra

Na?
Frag nicht so viel!
Ra

GRUNDSCHULE
Nachhilfe-Institut
Ra

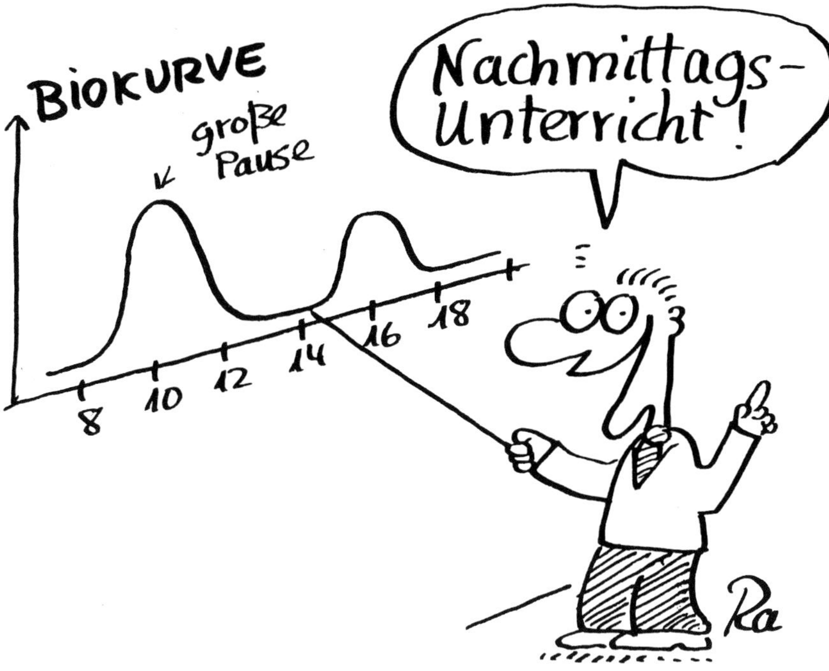
BIOKURVE
große Pause
8
10
12
14
16
18
Nachmittags-Unterricht!
Ra

Dürfte ich mal bitte Ihre Lernziele Kontrollieren?
Ra

Liebe Kinder! Herzlich willkommen am Gymnasium! Was ich euch gleich als erstes sagen möchte ist Folgendes:
Wer zu spät kommt, kriegt einen Strich, und bei drei Strichen gibt's
Ra

Z
Ich komme jetzt zum Höhepunkt meines Vortrags.
Ra

Ich bin heute zum Klassenkasper gewählt worden!
Ra

„tired"?
English
Voca-
bulary
Ra

Sag mal... Du hast doch Bio als Leistungskurs...
Ra

Pestalozzi-
Schule
Typisch Montag-morgen!
Ra

Sprachentwicklung

Frau Stulz sagt, ich darf ruhig viele Fehler machen, weil ich doch Legotechniker bin!
Dik-tate
Ra

Sind das alles Ihre...??
Ra

Herr Thölke? Mir ist schlecht!
Mir auch!
Ra

Eine tolle Schultüte! Und der Inhalt ...?
Na ... so zirka ...
$\frac{1}{3}\pi r^2 \cdot h \cong$ ... 10 000 Kubikzentimeter!
Pa

Und dann habe ich zu ihm gesagt du
Hast du gestern die dritte Folge
Au!
He! Lass das!!
Ra

AAAAAAAAAAAAAAAAAAAAAAAAAAAAAAAAA
Ich mag nicht mehr!
Hausaufgaben sind am Anfang immer etwas stumpfsinnig.
Später dürft ihr dann selber tolle Geschichten erfinden!
AAAAAA!!
Pa

Tja ... Für Algebra hab ich grad keine sensible Phase ...!
y
x =
Ra

Haus-
aufgaben:
Also dann rufst du Birgit an und ich Frau Schachtschneider, und wenn wer was rauskriegt, sagt er dem andern nochmal Bescheid, okay?
Ra

Wir rennen Kurz einmal ums Carré, sonst werden wir wahnsinnig!
Ra

Wir möchten uns hier vor Ort über die Vorzüge des finnischen Schulsystems informieren!
Lehrer-zimmer
Sauna
D
Ra

Einzeln sind sie alle gaanz herzig!
7B
Ra

Also: Ihre Tochter braucht dringend Nachhilfe!
Hm...
Wüssten Sie da vielleicht einen hübschen Elft- oder Zwölftklässler...?
Ra

Beschluss der Umwelt-AG!
Kaffe

MITTELSTUFE
Wegen Pubertät geschlossen!
Ra

Kein Bock mehr auf Frontalunterricht!
Ra

In der Schule haben wir heute teilen gelernt.
Fein!
Dann kannst du ja Nicole was von deinem Süßkram abgeben!
Ra

Natürlich haben wir hier auch Männer...!
Rektor
Hausmeister
Grund-
schule
Ra

Verhaltensauffälligkeiten: 27. Sonstige

„Beruf: Lehrer." ... Beneidenswert!
CARDIO PHARM
Ra

-Einschulen mit 5
-verkürzte Grundschulzeit?
-8-jähriges Gymnasium
Als nächstes planen wir die 8-monatige Schwangerschaft!
Ra

ABCDEFG
HIJKLMN
OPQR
ABCDEFG
HIJKLMN
OPQRSTU
VWXY
Ra

Hi Flo! Hast du Englisch?
Nö. Du auch nicht?
Leo? Gib mal kurz!
Oh nein! Völlig unleserlich!
Sina! Schnell! Dein Heft!
Ist gerade drüben! Bei Sven.
Hausaufgaben sind echt voll der Stress!
Ra

Uniform-Vorschlag (5)
....und hier das Schul-Logo als Tatoo!
Ra

Sven und Lene sitzen in der Kuschelecke!
Na und?
SIE KUSCHELN!!
Ra

PISA-BEDARF
Macht genau 5 Milliarden Euro!
Sprachförderung
FORTBILDUNG
Ganztagsschule
Ra

73-47=....?
91-68=....?

Na Christoph? Du möchtest also möglichst bald in die Schule ...?
Sagen wir mal so: Ich will den Laden möglichst bald hinter mir haben!
Ra

„Kleinstes gemeinsames Vielfaches"…? Hm… Warte mal…
Genau! Da hatten wir so einen…
…schnuckeligen jungen Mathelehrer! Alle Mädchen waren in ihn verknallt!
Nach der Stunde sind wir immer zu ihm hin…
…und haben's uns nochmal erklären lassen!
Er roch so gut!
Tja… also… „Kleinstes gemeinsames Vielfaches"…? Warte mal…
Ra

Leider müssen Sie die 5. Klasse wiederholen...!
Zeugnis
Aber nicht mit uns!
Ra

Früh krümmt sich...

RENATE ALF BEI LAPPAN

ISBN 978-3-8303-3120-9

ISBN 978-3-8303-3069-1

ISBN 978-3-8303-3247-3

ISBN 978-3-8303-3217-6

ISBN 978-3-8303-3283-1

ISBN 978-3-8303-3156-8

ISBN 978-3-8303-3311-1

ISBN 978-3-8303-6201-2

schulreif !